Wolfgang M. Lehmer

Boarisch fia Breißn

Boarisch fia Breißn

Bayrisch für Einsteiger

Reihe „52er"
Band 2

Bibliografische Information der Deutschen Nationalbibliothek:
Die Deutsche Nationalbibliothek verzeichnet diese Publikation in der Deutschen Nationalbibliografie; detaillierte bibliografische Daten sind im Internet über http://dnb.dnb.de abrufbar.

52 Seiten

ISBN 978-3-73920-382-9

Herstellung und Verlag:
BoD – Books on Demand, Norderstedt

http://wolfgang-m-lehmer.de.to

Vorred'

Möglicherweise ist dieses Büchlein Ihr erster Kontakt mit der bayrischen Sprache und Sie haben es sich auch nur gekauft, weil es preiswert war und Sie sich amüsieren möchten. Das ist nicht verkehrt und ganz legitim. Lesen Sie sich ein, lachen Sie über den einen oder anderen Ausdruck und üben Sie sich im sprechen der gelesenen Worte. Sie werden sich herrlich amüsieren und noch mehr in Gesellschaft. Aber verzichten Sie bitte tunlichst darauf, Ihre neu erworbene vermeintlichen Sprachkenntnis in der Öffentlichkeit, und gar in Bayern, zu erproben und vorzuführen. Man muss mit dem Bayrischen aufgewachsen sein, oder mindest Jahrzehnte in Bayern gelebt haben, um die Sprache gebrauchsfähig zu artikulieren. Sie eins zu eins zu sprechen wie sie geschrieben steht, funktioniert nicht. Die Schriftform ist lediglich eine Annäherung und kann die unterschiedlichen Betonungen, Nuancen und Tonfälle, wie sie dem wahren gesprochenen Dialekt entsprechen, der zudem, oft von Ort zu Ort, immer ein wenig oder mehr variiert, nicht gänzlich wiedergeben.

Bayrisch ist eben keine Schriftsprache. Also ersparen Sie sich und anderen die Vorführung der auswendig gelernten Worte, Sie werden sie als Nichtbayer nicht richtig ausdrücken können. Bei einem echten Bayern verlieren Sie durch derlei Blossstellungen nicht nur jeglichen Respekt, sondern können sich auch seinen gerechten königlich-bayrischen Zorn zuziehen.

Mit der, wenn auch unbeabsichtigten, Verspottung der Sprache können Sie den Urbayern ebenso aus der Ruhe bringen, wie mit einer Landhaustracht auf der Wies'n (*Okdobafesd*). Obwohl, nachdem dieses einst urbayrische Fest mittlerweile zu einem Maskenball für *Breißn* aller Herren Länder verkommen ist, fallen Sie dort nicht mehr auf. Ansonsten ist es besser in Bayern das zu bleiben, was Sie sind, ein *Breiß*. Imponieren Sie damit, dass Sie den Dialekt (fast) verstehen.

Solange sie die verbliebenen Reste *boarischa Griabigkeit* und die Kreise nicht stören, sind Sie so durchaus toleriert. Sonst werden sie vom *Breiß* schnell zum ungelittenen *Saubreiß*.

Und nun viel Spass bei den Sprachstudien!

A

Abfe = Apfel

Aschntonna = Mülltonne

Aschntonnahaisl = Mülltonnenhäuschen

Auszongne = Schmalzgebäck

B

Bamm = Baum

Bangad = Kind

Barablui = Regenschirm

Basn = Cousine

bast (scho) = passt (schon), in Ordnung

Beidl = Beutel

Birschdn = Bürste

birschtln = bürsten, Geschlechtsakt

benzn = quängeln

Bfannakuacha = Pfannkuchen, Crepe

biasn = büssen

bisln = urinieren

Bladl = Blatt, auch Zeitschrift

bladln = blättern

Bladzl = Plätzchen, Keks

blädln = blödeln, scherzen

Bleame = Blume

Bleschl = Zunge

Blosn = Blase, Clique, Gruppe

Blusn = Bluse

Blunzn = dicke Frau

blunzad = dick

Boazn = Kneipe

Boch = Bach

Bogfodzn = kräftige Ohrfeige

bon = baden

bodn = baden

Booda = Friseur (Bader)

borisch = bayrisch

Brazn = Hand, Hände

Breiß(in) = jegliche(r) Nicht-Bayer(in)

bridschln = planschen

Bridschn = Schlampe, Miststück, auch: weibl. Geschlechtsorgan

Bron = Braten

Brod = Brot

brodn = braten

brunzn = urinieren (ordinär)

Brunzkache = ordinär für Urinale, auch: unflätige Beschimpfung für Frauen

Bua = Junge, Bub

Buama, Buam = Jungen (Mz.)

Buffa = Messer

Buisding = Pilsting

Buschn = Schamhaar

Buzl = Baby

D

daberld = heruntergekommen

dablägga = verspotten

Dand = Tante

dand (nema) = direkt (erwischen)

Dandla = Händler niederer Güte (Tandler)

Danzbodn = Tanzboden, Tanzfläche

Daschn = Tasche

Daschnduach = Taschentuch

dazwinga = schaffen, bewältigen

Deandl = Mädchen

Della = Teller

Dir = Türe

Dirndl = Trachtenkleid

Disch = Tisch

Dischdegga = Tischdecke

Diwan = Sofa, Couch

Dochradz = Katze

Dogda = Arzt

dorad = schwerhörig, taub

Dracha = Drachen, böses Weib

drachdig = trächtig, schwanger

Drachd = Tracht

Drachd Brügel = kräftig Haue

Drachdnhuad = Trachtenhut

Drambai = veraltet f. Dramban

Dramban = Trambahn, Straßenbahn

dramhabbad = verträumt, geistig abwesend

drangsaliern = ärgern, bedrängen, nerven

Drebfalbod = Dusche

drenzn = weinen

drenzad = weinend, heulend

Drenzbene = weinerlicher Junge/Mann

Drodwar = Gehsteig, Trotoir

drogad = trächtig, schwanger

Drudschn = einfältige Frau

Drudschal = einfältiges Mädchen

duschn = stark regnen, auch schlagen

E
eine = hinein

Ellabong = Ellenbogen

Erdebfe = Kartoffeln (Erdäpfel)

F

Fingahuat = Fingerhut

Finschgal = Backware

Fodzn = Ohrfeige

Fodznspangla = Zahnarzt

Fransen = Stück (z.B. Fleisch)

G

Gaudignedl = Brüste, Busen (gross)

Gaudinoggal = Brüste, Busen (klein)

Geiberuam = gelbe Rübe, Karotte

Giaskanna = Gieskanne

Gimbbe = einfältiger Mann, Gimpel

Girdl = Gürtel

Gischbe = Spinner

Gleidl = Kleid

Glumbads/Graffe = Gelump, Tand

gmad = gemäht

Gmoa = Gemeinde, Ort

gnad = genäht

Gnia = Knie

Gniabislahosn = tief sitzende Hose (Baggy)

gniagln = knien

Gnedl = Knödel, Klos

goschad = nachmaulerisch, unverschämt

Graddla = Penner

Grandl = Wasserbehälter im Holzofen

Grabfa = Krapfen, hässliche Frau

Graudwiggal = Krautroulade

Greichads = Geräuchertes, Räucherschinken

greislich = hässlich

Gren = Meerrettich

Grewaibal = Kräuterfrau

Griamschmoiz = Schweineschmalz

grias God = grüss Gott, guten Tag

Griasnoggalsubbn = Griesklößchensuppe

Gribbe = Krüppel, Behinderter, auch missratenes Kind

grinddig = verschmutzt, auch übellaunig

Grischbe(rl) = kleiner, schmächtiger Mann

Gros = Gras

grudzefix = bayr. Standard-Fluch

Grusch = Ramsch

Gruschkisdn = Ramschkästchen

Gschäfd = Geschäft, Laden, Handel

Gschaftlhuaba = Schlaumeier

gschbassig = spaßig, lustig, auch: seltsam

gschbinad = verrückt, versponnen, abnorm

Gschbuse = Geliebte, Gespielin

gscherd = ordinär, gewöhnlich, gemein

Gschmagge = unangenehmer Geruch

Gurgn = Gurke, auch Nase

gwampad = dick

Gwand = Gewand, Bekleidung

Gwandlaus (läsdig wia a) = Kleiderlaus
(anhänglich wie eine)

gwis = gewiss, sicher

H
Hafal = kleiner Topf

Hafalschur = Trachtenschuh

Hagge = Beil

Haisl = Toilette, auch kleines Haus

Handla = Händler

Haumdaucha = Schimpfwort

Hausmorsta = Facility Manager

Heigobe = Heugabel

Heiwagl = Heuwägelchen

Hemad = Hemd, auch Nachthemd

Hemadlenz = spärlich Bekleidete(r)

Henasteing = Hühnerleiter

Hindadubfing = Ende der Welt

Hirnbene = Spinner

Hofa = Topf, häßliche Frau

Hoibe = Halbe (Bier)

Hopfa = Hopfen

Hosndaschn = Hosentasche

Hundsgribbe = Schimpfwort

Hunga = Hunger

Hungaleida(rin) = Arme(r), Bedürftige(r)

I

I-Dipfal = I-Punkt

K

Kaas = Käse

Kadoffe(n) = Kartoffel(n)

Kadoffesolod = Kartoffelsalat

Kambbe = Kamm

Kanabä = Sofa, Couch

Kechin = Köchin

Kine = König

Knepfe = kleiner (Kleidungs-) Knopf, Knoten

Knofe = Knoblauch

kocha = kochen

Koirabe = Kohlrabi

komod = umgänglich, bequem

Komod = Kommode

Kuacha = Kuchen

Kuachadella = Kuchenteller

Kuachagobe = Kuchengabel

Kuchl = Küche

Kudnbrunza = Schimpfwort für Geistliche

L

Laderndlmass = Mass Bier mit Schnaps

(warma) Lebakas = (warmer) Leberkäse

(warme) Lebakassemme =
(warme)Leberkäsesemmel

Leffe = Löffel, auch: sich ungebührlich
Benehmender

Leid = Leute

Liab = Liebe

Liacht = Licht

Lingal (sauas) = Lunge, Lungenhasche

Loadda = Leiter

Loamsiada = Versager, Schwätzer

Loas = Laus, unsauberer Mensch

Lodn = Laden, Geschäft

Lon = Laden, Geschäft

M
Madl (Mz. Madln) = Mädchen

Mesna = Messner, Messdiener

Mille = Milch

Millekandl = Milchkanne

Minga = München

Mo = Mann

Muich = Milch

Muichkandl = Milchkanne

Muizwurschd (obbrainde) = Milzwurst (angebratene)

N
Nägaweisse = Weissbier (Weizen) mit Cola

naggln = rütteln, hin und her bewegen, auch Geschlechtsverkehr

nei(e) = neu(e)

Nidabayan = Niederbayern

Niedabaya = Niederbayer

nodig = nötig

Nodnigge = Notnickel, Geizhals

O

Oache = Eichel

Oachkadzl = Eichhörnchen

Obazda = würziges Käsekaltgericht

Obacht (gem) = Vorsicht(ig sein)

obeberld = verschlissen, heruntergekommen

obezwinga = hinunterwürgen

obgnebfa = abknöpfen, wegnehmen

Obzwigda = kleiner Mensch (Abgezwickter)

Oddaman = Ottomane, Couch, Sofa

Odl = Jauche

Odlgruam = Jauchegrube

Ofa = Ofen, Herd

oglüstern = gefallen finden, Wunsch haben

Ogs = Ochse

ogsoacht = angepisst

oid = alt

Oide = Alte, Frau, Ehefrau

ois = alles

Or = Ei, Eier

Oricht = Anrichte, Arbeitsfläche

odor = anziehen, antun

P

Pfaff = Pfarrer, Pastor (beleidigend)

Pfarrhofa = Pfaffenhofen

pfia God = auf Wiedersehen

pfiadde = Servus, Tschüss

Pflamm = Pflaume(n)

Pflammbam = Pflaumenbaum

Pflodan = Haufen, Fladen (Kuhfladen)

pflodan = pfurzen

Q

Quadl = Viertel (Getränk)

Quadratwatschn = mächtige Ohrfeige

R

Rade = Rettich

Radissal = Radieschen

Radl = Rad, Fahrrad

raffa = raufen

Raffarei = Rauferei, Schlägerei

ramadama = aufräumen, (wir räumen auf)

Ratz(n) = Ratte(n)

Red(n) = Rede(n)

re(d)n = reden, sprechen

Reguladda = Uhr, Wanduhr (Regulator)

resch = knusprig, kross

Ruam = Rübe, auch gemeiner Mensch oder hässliche Frau

Rogl = Tüte, Plastiktüte

rosdig = sexuell erregt

Rodz = Nasenschleim

Rodzbene = Erkälteter

Rodzdiache = Taschentuch

Rodzglogn = Rotzglocke

rodzn = schnäuzen, verschnupft sein

S

saua = sauer, verärgert

Semme = Semmel, Brötchen

Servus = Abschieds- und Willkommensgruss

Solod = Salat

Späze = Spezi, Kumpan, Freund, Getränk

Spidzbua = Spitzbube

Subbn = Suppe

Subbndella = Suppenteller

Sch

scham de = schäme dich

Schandee = Polizist, Gendarm

Schdife = Stiefel

Schdrumbf = Strumpf

schdrumbfsogad = in Strümpfen (ohne Schuhe)

Schdrimbf = Strümpfe

Schdui = Stuhl

Scheim = Hintern, Scheibe

Scherm = Scherbe(n), hässliche Frau

Schigsn = hochnäsige, aufgetakelte Frau

Schmoiz = Schmalz, auch Blödsinn

Schnoin = Schnalle, auch: Schlampe, Hure

schnodan = schnattern, tratschen

schimpfa = schimpfen

schirch = (sehr) hässlich

Schirzl = Schürze

Schdoi = Stall

Schlograhm = Schlagsahne

Schmarrn = Blödsinn

Schmeizla = Schnupftabak

Schmoiz = Schmalz, Fett, auch: Kraft

Schmoizbachans = Schmalzgebäck (frittierte Backware, z.B. Auszongne, Krapfen)

Schmu(s) = Bestechung

schneizn = schnäuzen

schnubfa = schnupfen

Schoas = Pfurz

schoasln = pfurzen

Schuabandl = Schnürsenkel

Schweinsbron = Schweinebraten

St

Stambbal = Schnapsglas

Steggalfiisch = Steckerlfisch (am Stock gegrillter Fisch)

Stiangglandarass = Mischlingshund

Stodara = Städter

Stodl = Stadel, Scheune

strawanzen = herumtreiben

Strawanzer = Herumtreiber

Stridze = Leichtfuss

V

vahunaggeld = verkorkst, verpfuscht, verdorben

W

Wadl = Wade

Wadlschdrumbf = Wadenstrumpf

Wadlschdrimbf = Wadenstrümpfe

Wammal = Bauchspeck, auch böse für dicken Menschen

Wambn = ausgeprägter Bauch

Watschn = Ohrfeige

Wei = Frau (Weib)

Woazn = Weizen

Woad = Weide

Woid = Wald

Woog = Waage

Wuafzeddl = Flyer

Z

Zäha(n) = Zehe(n), auch hässliche Frau/Mädchen

Zamperl = Dackel, kleiner Hund

zana = weinen

zeckalfett = dick wie eine Zecke

Zena = Zehner (Geldschein)

zerst = zuerst

Zuagroasda = Zugereister

Zuggaruam = Zuckerrübe

zuzln = saugen

Zwanzga = Zwanziger (Geldschein)

Zwedschgndadsche = Zwetschgenkuchen

Zwibe = Zwiebel

Zwickl = 2 Euro-Münze, Hosenschritt

zwida = unleidlich

Zwidawurzn = übellauniger Mensch

zwigga = zwicken, stehlen

zwinga = zwingen, nötigen

Floskeln und Redewendungen

Um möglichen Unbill, Verdruss und Ärger zu vermeiden, ist es hilfreich, nicht nur die Worte zu kennen, sondern auch deren Verwendung in den Floskeln und Redewendungen, in denen die Wortbedeutung im Kontext eine ganz andere sein kann.

Hier einige der gängigsten und gebräuchlichsten Standardaussagen, die je nach Betonung und Zusammenhang scherzhaft, sarkastisch oder todernst gemeint sein können.

bast scho.
in Ordnung, o.k., gerne geschehen
(wörtlich: passt schon.)

schwing de / schwingds eich.
verschwinde / verschwindet (schleunigst)
(wörtlich: schwinge dich / schwingt euch.)

schleich de / schleichts eich.
hau ab / haut ab.
(wörtlich: schleich dich, schleicht euch.)

Jeza foid nacha glei da Wadschnbam um.
 Du bekommst gleich eine Ohrfeige.
(wörtlich: Jetzt fällt dann gleich der
Ohrfeigenbaum um.)

A Bagl Fodzn is glei aufgmacht.
Es ist ein Leichtes, gewalttätig zu werden.
(wörtlich: Ein Päckchen Ohrfeigen ist schnell
geöffnet.)

Zwoa, drei Watschn san glei obeghaut.
 Es ist kein Aufwand, dir 2 oder 3 Ohrfeigen
zu geben.
(wörtlich: 2-3 Ohrfeigen sind schnell
geschlagen.)

Do wead ja d Mille saua.
(wörtlich: Da wird ja die Milch sauer.)

Di hods doch vom Boa weg.
Du spinnst wohl komplett.
(wörtlich: Dich hat es doch bis von den
Knochen weg. Hinweis, wie tief sitzend der
Unsinn ist.)

Do stehst do wia da Ochs voam Beag.
Da staunst du. Das verstehst du wohl nicht.
Das geht über deine Fähigkeiten.
(wörtlich: Da stehst du da wie der Ochse vor
dem Berg. Hinweis auf die Unfähigkeit des
Hornviehs den Berg zu überqueren.)

Do schaugsd wias Schweiberl wenn's blidzd.
Da bist du sprachlos. Da bist du erstaunt.
(wörtlich: Da guckst du, wie die Schwalbe
wenn es blitzt.)

Des is a gmahde Wiesn.
Das ist so gut wie erledigt. Das stellt kein
Problem dar.
(wörtlich: Das ist eine gemähte Wiese.)

Dua me ned ogangln.
Belästige mich nicht. Pöble mich nicht an.
Mach mich nicht an.
(wörtlich: Gehe mich nicht an.)

Rug a wene. / Rug umme.
Mach mir Platz
(wörtlich: Rücke etwas beiseite. Rücke
hinüber.)

Schaung ma moi, nacha säng mas scho.
Mal abwarten. Wir können es versuchen.
(wörtlich: Schauen wir mal, dann sehen wir
schon.)

A so a Gfredd.
Welch eine Unannehmlichkeit
(Aufwand/Ärger).
(wörtlich: Ein so ein Gefrette.)

Do hosd ja sauba ind Scheisse eineglangt.
Da hast du großes Pech gehabt.
(wörtlich: Da hast du ja ordentlich in die
Scheisse gegriffen.)

**Mia san mia und wos de Andern dern
indressirn uns ned.**
Ausdruck des Eigensinnes, des
Nationalstolzes und der Unabhängigkeit.
(wörtlich: Wir sind wir und was die Anderen
tun, interessiert uns nicht.)

Eam (Sie) schaug (ned) o.
Ausdruck des Unmutes über das Reden oder
Tun eines (einer) anderen. Möglicherweise
Auftakt zum Zwist. (wörtlich: Ihn (Sie) schau
(nicht) an.)

Aufbrezld wia a Bfingstogs.
Auf das Äußerste herausgeputzt
(wörtlich: geschmückt/hergerichtet wie ein
Pfingstochse.)

Da Kaas is bissn.
Die Sache hat sich erledigt.
(wörtlich: Der Käse ist gebissen.)

Ageh?
wirklich?
(wörtlich: ach, geh.)

So ned!
(wörtlich: so nicht!)

Gäh ma wegg.
hör auf, bleib mir damit vom Leib.
(wörtlich: Geh mir weg.)

Wer ko der ko.
Jeder nach seinen Möglichkeiten.
(wörtlich: wer kann, der kann.)

Red ned a so a Schmoiz.
Erzähle keinen Blödsinn.
(wörtlich: Rede nicht ein so ein Schmalz.)

Hoid dei Fodzn.
Sei still.
(wörtlich: halt das Maul.)

Wia da Schdenz von da Au.
Wie ein Angeber, Aufreisser.
(wörtlich: wie der Stenz aus der Au.)
Au = Stadtteil von München

Wennsd gnua Schmoiz hosd…
Wenn deine Kraft ausreicht…
(wörtlich: Wenn du genug Schmalz hast…)

Do muas no fui Wassa d Isar obe rinna…
Da muss noch Manches geschehen, bis…
(wörtlich: Da muss noch viel Wasser die Isar
hinab fließen…)

Di schnubfe quer ei.
Du bist kein Widersacher für mich.
(wörtlich: Dich schnupfe ich quer ein.)

verlier de.
verschwinde.
(wörtlich: verliere dich.)

Hau de her. / Hauts eich her.
Komm zu mir/uns. / Kommt zu mir/uns.
Setz(t) dich(euch) her.
(wörtlich: Haue dich her. / Haut euch her.)

I red mim Schmied und ned mim Schmiedl.
Mit Befehlsempfängern spreche ich nicht.
(wörtlich: Ich spreche mit dem Schmied und
nicht mit dem Schmiedlein (Gesellen).)

Hosd me?
Hast du verstanden?
(wörtlich: hast du mich?)

Hamma uns?
Haben wir uns verstanden?
(wörtlich: Haben wir uns?)

Basd des so? / Basd ois?
Ist das in Ordnung? / Ist alles in Ordnung?
(wörtlich: Passt das so? / Passt alles?)

I zwings nimma.
Ich bin satt. Auch unter Zwang ist keine
Nahrungsaufnahme mehr möglich.
(wörtlich: ich zwinge es nicht mehr.)

Nix füa Unguat.
Entschuldigung.
(wörtlich: Nichts für Ungut.)

I bags ned / I bags nimma.
Ich halte es nicht (mehr) aus. Ich schaffe es
nicht (mehr).
(wörtlich: Ich packe es nicht (mehr).)

I kumm am Zahnfleisch daher.
Ich bin völlig erschöpft (geschafft, erledigt).
(wörtlich: ich komme auf dem Zahnfleisch
daher.)

Brunzbläd aba gschaftig.
Strohdumm aber wichtig tun.
(wörtlich: Pissdoof aber schlau tun.)

Do stähst nacha im Hemad do.
Da hast du dann nichts mehr.
(wörtlich: Da stehst du nachher im Hemd da.)

Des is a Sach.
Das gefällt mir.
(wörtlich: Das ist eine Sache.)

Do legsd de nida.
Das ist krass.
(wörtlich: Da legst du dich hin.)

Zahlen

1 Oans
2 Zwoa
3 Drei
4 Viere
5 Fünfe
6 Sechse
7 Sime
8 Achte
9 Neine
10 Zehne
11 Eife
12 Zweife
13 Dreizehn
…
20 Zwanzge
21 Oanazwanzge
22 Zworazwanzge
23 Dreiazwanzge
24 Vierazwanzge
25 Fünfazwanzge
26 Sechsazwanzge

27 Simazwanzge

28 Achtazwanzge

29 Neinazwanzge

30 Dreissge

31 Oanadreissge

32 Zworadreissge

…

40 Vierzge

41 Oanavierzge

42 Zworavierzge

…

50 Fuffzge

51 Oanafuffzge

…

60 Sechzge

61 Oanasechzge

…

70 Siebzge

…

80 Achzge

…

90 Neinzge

…

100 Hundad

In der Taschenbuch-Reihe „52'er" bereits erschienen:

In Vorbereitung:

Weitere Werke des Autors

Die Harphe - eine satyrische Weltenbeschau
satirische Kurzgeschichten
Paperback DIN A5, 128 Seiten
ISBN 978-3-86870-653-6
http://die-harphe-das-buch.de.to

Die Posaune – eine Weltenbeschau
satirische Kurzgeschichten
Paperback DIN A5, 124 Seiten
ISBN 978-3-86870-855-4
http://die-posaune.de.to

Weisheiten – eine Sammlung
Philosophie
Taschenbuch, 68 Seiten
auch als e-book erhältlich
ISBN 978-3-73572-469-4
http://weisheiten.de.to

Kuchen
Dada
Hardcover, 112 Seiten
ISBN 978-3-73865-833-0